Las narrativas satánicas

Una biblia satánica moderna

Damien Ba'al

Traducido por Diego Cano Lagneaux

Published by HLA Publishing LLC

Copyright © 2015 by Damien Ba'al
All rights reserved. Published in Hell by HLA Publishing LLC
hlapublishing.com
ISBN: 978-0-9968101-3-5

A las ovejas negras y los individualistas en todas partes. No estáis solos.

Agradecimientos

Quiero agradecer especialmente a Wendy Ba'al
por su amor y su apoyo.

Gracias a Wendy Ba'al, Greg Stevens y Lilith Starr por
ayudarme y apoyarme tanto durante el proceso de
revisión de este libro.

Gracias a Iris Shaw por la ilustración de la portada.

Gracias a Tracey Pryor por la ilustración de la página
de título así como por el Sigilo de Baphomet.

El tiempo de maquetación ha sido donado por la Orden
de Los Garthok de la Primera Iglesia de satán, en
Amarillo (Texas, EEUU).

Gracias a Khandnalie Barnes por todos los demás
sigilos y símbolos.

Gracias a Xen Darens por la edición fotográfica.

Gracias a Malcolm Jarry y Doug Mesner por
presentar el satanismo bajo una nueva y oscura luz
infernal.

Debo un reconocimiento póstumo especial de
agradecimiento a Anton Szandor LaVey por sus
grandes y   numerosos aportes al satanismo.

Tabla de contenido

Prólogo

El satanismo, como religión, filosofía y forma de ver la vida, actúa como un resumen de todos los aspectos de quien soy. Esta es la primera de las dos razones principales de la existencia de esta actualización de la filosofía satánica fundacional. La otra razón que me ha llevado a empezar a escribir es mucho más básica, ordinaria, y práctica. Simplemente, no existe aún ningún libro de este tipo. Existen numerosos libros similares, pero ninguno que exprese mi particular variante del satanismo.

El satanismo - por lo menos, algunas de sus variaciones - combina cierto número de cosas distintas en una sola. Mi variante lo abarca todo. Incorpora filosofías para comprender la realidad objetiva, la experiencia subjetiva, la moral y la ética, e incluso mi propia personalidad.

También existe una gran carencia de filosofía satánica de calidad. El libro que más gente asocia con esta religión, la Biblia satánica, tiene varios argumentos interesantes, pero también está anticuado y lleno de fallos. Anton Szandor LaVey tenía algunas buenas ideas que nunca se utilizaron en todo su potencial. También tenía muchas malas ideas y una ejecución pobre que le lastraron.

Estos problemas pueden ser corregidos. Hay mucho que ahora sabemos y se ignoraba en los años sesenta. La Biblia satánica original puede ser mejorada tanto filosófica como lingüísticamente. Su terrible incomprensión de la selección natural también puede ser corregida incorporando la selección por supervivencia de grupo y nuestra condición de especie social. Fue esta incomprensión por parte de LaVey, Ayn Rand y Ragnar Redbeard la que les llevó al darwinismo social que permea sus filosofías.

Su idea era que el mundo natural es el único lugar donde se puede buscar una moral secular. Su comprensión de la selección natural era que los individuos más fuertes o adaptados eran los que sobrevivían. Sin embargo, ignoraron las especies que tienen mecanismos de supervivencia de tipo social. Los humanos son una de estas especies. En parte por la corrección de este error, la implementación de moralidad secular que yo ofrezco es superior.

Utilizo como punto de partida algunas de las ideas de LaVey, pero ahí es donde terminan las similitudes. Más allá de ideas como el concepto de Satán como el adversario, buscar los orígenes de nuestro ser en el mundo natural, y comprender y aceptar la humanidad como es, esto será muy diferente de su filosofía.

No digo que este sea el único satanismo auténtico. Sólo hay unas pocas ideas fundamentales que definen el satanismo en todas sus variantes. Esta es únicamente mi variante y detallaré las razones por las cuales concuerda conmigo. Así que continúa leyendo, asimila y evalúa la información que presento y mira si también concuerda contigo.

¡Ave Satanas!

Presentación de Satán

Lo primero que hay que entender acerca del satanismo es que las historias de altares sacrificiales, sectas secretas del mal y brutales abusos ritualizados son completamente falsas. Estas ideas vienen de una corriente de pánico moral en los ochenta y noventa, particularmente en Estados Unidos, conocida popularmente como "Satanic Panic".

Este caso fue una caza de brujas moderna en la que algunos aún creen hoy en día. El ascenso de la cultura cristiana (principalmente el protestantismo), el (entonces) nuevo fraude psicológico de la llamada "recuperación de memorias" y la naturaleza de la masa como un rebaño estúpido y asustadizo fueron su germen. Sus efectos negativos aún perduran. Es la fuente principal de intolerancia a la que se enfrentan los satanistas.

Echando la vista atrás, llevamos décadas de mentiras y engaños. La paranoia descontrolada ocultando la verdad y la razón. Ha habido numerosos programas de televisión dedicados al tema, todos ellos fantasiosos y carentes de cualquier tipo de verificación de la información. Se han arruinado incontables vidas debido a las falsas acusaciones que han enviado a inocentes a la cárcel y convertido a muchos otros en víctimas de persecución por creencias completamente benignas.

Sé que sólo he tocado el tema de forma muy superficial, pero tratarlo más exhaustivamente queda fuera del ámbito de este libro. Era preciso mencionarlo, sin embargo.

Lo siguiente que hay que comprender es que Satanás no es un ente real. No existe literalmente. Hay teístas que creen en este tipo de cosas, pero no yo. Esta es en realidad una religión y filosofía ateas. Satán es sólo un constructo metafórico que simboliza ciertos ideales. Existen varias facetas distintas de Satán, cada una de las cuales describe algunas características del arquetipo.

Se puede observar el arquetipo de Satán en la literatura clásica, como "El paraíso perdido" de Milton y "La rebelión de los ángeles" de Anatole France. La mitología es otro buen sitio donde buscar; y, de hecho, de ahí provienen las características del Satanás literario.

Varios dioses demonizados (literalmente) se han convertido en aspectos de Satán y dado forma a este personaje mitológico. Voy a dividir el grueso de este libro categorizando distintas ideas en la faceta de Satán con la que cada una sea asociada. Sin embargo, estas ideas tendrán sentido por sí mismas, de forma independiente de estos arquetipos. Es sólo una forma de organizar la información y al mismo tiempo, mostrar el constructo metafórico.

Algunas personas utilizan el satanismo como excusa para comportarse como un capullo. Esto recuerda fuertemente a la gente que utiliza las religiones abrahámicas como excusa para su intolerancia. La justificación de comportamientos desagradables y de limitaciones personales mediante la cita ciega de un documento que se sigue sin cuestionarlo es algo de las religiones tradicionales. El satanismo se halla diametralmente opuesto a estas tonterías.

Puedes, si lo deseas, pensar en mí como un maestro, un consejero o un guía, pero no como un líder. El satanista no necesita un líder per se. Sólo dirijo de forma metafórica, guiando a través de los conceptos filosóficos. Ofrezco el conocimiento y sabiduría que pueda tener, pero deberás liderarte a ti mismo. Otros y yo mismo, podremos ayudarte, y lo haremos, pero este viaje es el tuyo. Debes avanzar por ti mismo y cosechar las recompensas del camino, el camino de la mano izquierda.

La narrativa de Satán

Satán significa literalmente "adversario". Satán es principalmente oposición y rebelión. Es la voluntad insumisa frente a la opresión, el rebelde eterno opuesto al dictador supremo. Es rebelión incansable contra las antítesis de los ideales satánicos y las creencias profundas.

Esto no dice nada acerca de lo que son esos ideales y creencias, algo que será tratado más tarde. Es simplemente una llamada a actuar y la raíz del arquetipo de Satán. Puede efectuarse en nombre propio o para defender a otra gente.

Debido a esto, el satanista debe tener algún tipo de implicación activista. Aunque el satanista se toma el tiempo de disfrutar profundamente de la vida (algo de lo que se hablará más adelante), no permanece inactivo a la sombra de la opresión y la injusticia. Satán es oposición a estas cosas, y es necesario ser el adversario.

Hay que cuidarse de confundir o contaminar estas ideas con conceptos insostenibles como la venganza y el castigo. Estos son una forma de sobreindulgencia catártica inútil y a menudo destructiva. El adversario debería tener un objetivo y realizar algo, no cancelar su propio pensamiento crítico para alimentar el salvajismo primitivo de la masa descerebrada.

Cuando uno se conceda emociones catárticas, nunca debe ser a costa de su fuerza de oposición u otros ideales satánicos. Que sea mesurado, que sirva un propósito, que se haga a la luz de la razón. Sólo entonces será realmente el satanista el adversario.

Las religiones tradicionales son una de las principales cosas a las cuales se opone el satanista. Hay muy buenas razones para esto. La primera es el adoctrinamiento y pastoreo a los que someten a la gente. La siguiente es la ignorancia voluntaria - se agarran a la superstición, la fantasía y el autoengaño tan fuerte como pueden, al tiempo que rechazan cualquier conocimiento contrario sin importar las pruebas. Es habitual que su compás moral gire sin control mientras sus delirios venenosos tiran de la aguja, dejándoles retorcidos.

Se les hace creer que no pueden comportarse correctamente sin amigos imaginarios que les vigilen. Algunos incluso intentan demostrarlo. Sienten que sus vidas no tendrían sentido sin entes mágicos y sus líderes se aseguran de que sus voluntades se debiliten lo suficiente para que no quieran otra cosa que ser guiados como un rebaño de ganado dócil. Esperando una vida mejor tras la muerte, algo que nunca llegará, se someten en la vida real a la esclavitud, manteniéndose cautivos.

El satanista es libre de todo esto y disfruta burlándose de ideas ridículas y rompiendo las reglas. Sin embargo, al mismo tiempo, el satanista se apiada de la gente. ¿Cómo podría no hacerlo ante otro ser humano que ha sido esclavizado, atrapado cuando era demasiado joven para pensar? La crueldad es para los líderes de estos esclavos, que la utilizan con frecuencia. El satanista se opone a esto. Crueldad, ignorancia, esclavitud, y la gente inmersa en ellas: somos vuestro adversario.

La narrativa de Ba'al

Ba'al es el marginado, el paria, el odiado extraño. El Señor del Cielo fue demonizado y renombrado el Señor de las Moscas, implicando que era una mierda. Ba'al, Baal, Bel u otras variantes se traducen simplemente como "Señor". Por tanto, hay una amplia gama de seres mitológicos que podrían recibir el título de Ba'al y sin duda muchos de ellos fueron demonizados. Esta narrativa, sin embargo, se refiere al Señor de las Moscas, Ba'al Zebub, más conocido como Belcebú.

El satanista, que probablemente tenga una naturaleza excéntrica y un comportamiento poco convencional, es a menudo una oveja negra. El satanista asume este estatus de extraño. Como adversario, uno debe aceptar ser odiado en algunas situaciones y circunstancias.

El satanista no necesita aprobación ni validación por parte del grupo. Por el contrario, debe perseverar ante la oposición. Esto no devalúa ni la comunidad ni el compañerismo, que serán tratados más adelante, sino que subraya la importancia del origen de los mismos. Las masas dóciles que componen la población en general no son su fuente. Por tanto, báñate en su desaprobación, no dejes que te afecte pero aliméntate de ella. Que aumente las reservas de

11

energía que sostienen tu perseverancia - una cualidad requerida por el adversario.

Busca a tu alrededor los parias, los odiados, porque es posible que sean tus hermanos y hermanas en la oposición. Puede que aún no lo sepan, pero lo sabrán. Esta gente probablemente esté en el sendero de la mano izquierda. Harás bien en darles la bienvenida. En ellos puede que encuentres aliados poderosos y leales para ayudarte en tus objetivos antagonistas.

El camino de la mano izquierda y los aspectos satánicos de la personalidad llevan a ser un marginado, y cuando se abraza esa situación, se magnifica la atracción de esta religión y esta filosofía. Por tanto, es a un tiempo causa y efecto; se aumentan mutuamente.

Cuando se abren los ojos y se mira en derredor, se puede ver que no se es el único marginado de la sociedad. Cuando la luz de la razón ya no es oscurecida por un colectivo de dóciles e incrédulos, se pueden ver las convenciones, normas y roles sociales arbitrarios como las cosas irracionales y detrimentales que son.

Por tanto, uno se da cuenta de que ha sido liberado en vez de expulsado con sentimientos de alivio y euforia. La hierba es más verde donde ahora está. Sólo siente tristeza por los que aún están dentro, atrapados en su cárcel mental socialmente construida.

La narrativa de Lucifer

De todos los aspectos de Satán, del que más sacamos es de Lucifer. Lucifer es el portador de la luz, la sabiduría y el conocimiento. El lado intelectual, el pensamiento crítico y el valorizar los seres humanos provienen todos ellos de este aspecto. El satán literario es muy luciferino.

El escepticismo científico y el filosófico son la forma más precisa de comprender la realidad objetiva. Esto incluye nuestra mejor comprensión de la ciencia moderna así como argumentos lógicos y convincentes.

Siendo una forma atea de satanismo, este escepticismo se aplica al concepto de dioses. No hay pruebas de la existencia de ningún dios, así que no hay motivos para creer en ninguno. No hay razones para darle ni un momento de consideración a cualquier ser presupuesto e infalsificable para el cual no hay prueba existencial alguna. Sin un argumento lógico o datos empíricos, no hay manera de que nadie conozca el concepto de dios alguno sin que alguien se lo haya inventado. La única otra fuente primaria de conocimiento sería la mente, y por tanto la idea es una invención.

Se puede postular un universo sin dioses, demonios,

etc. y este universo sería idéntico al que ocupamos. Los humanos han inventado incontables seres imaginarios y ninguno de ellos ha dejado trazas de su existencia en nuestra realidad. El concepto de dios es realmente una proposición filosófica ridícula.

Cuando uno aplica este escepticismo a lo sobre natural en general, el resultado es idéntico. El supernaturalismo queda pues rechazado por la misma falta total de pruebas. Hay algunas cosas que son lógicamente imposibles y podemos estar seguros de que tales cosas no existen, o de que tales proposiciones son falsas. Sin embargo, algunas cosas no pueden ser absolutamente demostradas como falsas. En este caso, nos falta conocimiento acerca de ellas. El resultado es una falta de creencia en esas cosas.

La falta de conocimiento es agnosticismo. Se es agnóstico acerca de un ser infalsificable para cuya existencia no haya pruebas, pero no acerca de un ser lógicamente imposible. Sin embargo, el resultado a nivel de creencias es el mismo. No se cree en ello.

La creencia es un estado binario. O se cree en algo o no. El conocimiento es un tema completamente distinto. Incluso si no se sabe si se cree o no en algo, de hecho, sí se hace. Tal es la naturaleza de la creencia.

Por tanto, si no se es teísta, se es ateo. O se tiene fé o no. Para la mayoría de conceptos sobrenaturales, también falta conocimiento, y por tanto se es igualmente agnóstico.

Este requerimiento de pruebas preexistentes debería ser un prerrequisito de todo conocimiento. El escéptico filosófico y científico no se cree ninguna afirmación objetiva de importancia sin razones o pruebas empíricas. Este es el comienzo del conocimiento y de la sabiduría. El aspecto luciferino de Satán simboliza estos ideales de los satanistas.

El satanista debería amar el aprendizaje, la exploración y el descubrimiento. Estos le permiten continuar obteniendo conocimiento y sabiduría. Tal entereza intelectual será muy útil.

El personaje de Lucifer fue, en cierto modo, un humanista. Puso mucho valor en los seres humanos. Este sólo es el principio de la moralidad, sin embargo, y como tal ese tema será tratado en la narrativa siguiente. Este centro en la gente, en relación con este aspecto satánico, tomará la forma del conocimiento y la sabiduría compartidos.

El compartir el conocimiento y la sabiduría y su proliferación forman otro ideal satánico. Se debe enseñar lo que se sabe a cualquiera que desee aprender. El conocimiento, la sabiduría y el pensamiento crítico son el mayor regalo que se puede hacer.

No todo el mundo está preparado para aprender, es mejor dejarles acercarse cuando sea el momento. Hay gente que no desea aprender y no merecen el esfuerzo. Mediante el aprendizaje, el ignorante y el irracional pueden transformarse en personas razonables con una comprensión adecuada. Cuantos menos de los primeros y más de los segundos, mejor será el mundo y la experiencia vital de cada uno. Todo el mundo gana.

Esta vida es la única que hay. Aprovéchala al máximo. Todo lo que eres es simplemente un conjunto increíblemente complejo de reacciones químicas e impulsos eléctricos en el cerebro. Esto es lo que produce tu consciencia. Cuando muere el cerebro, el proceso se detiene y la persona ya no existe.

No sólo el cielo, el infierno y la vida tras la muerte son mitos, también el dualismo. No hay alma ni espíritu, tu mente es una entidad y la narrativa de la experiencia subjetiva que esta mente construye a partir de las percepciones es tu vida. Todo esto son sólo procesos físicos que son parte del funcionamiento normal del cerebro. Cada pieza tiene una ventaja evolutiva y, todas juntas, forman la esencia de los seres humanos.

La narrativa de Baphomet

Baphomet simboliza el equilibrio, la naturaleza humana y el mundo natural. El foco en los humanos de Lucifer funciona en conjunción con esto para proporcionar una moralidad robusta, naturalista, con una buena base para los valores normativos.

El equilibrio, en el contexto de Baphomet, muestra dos extremos opuestos. El significado no es que estas son las únicas posiciones posibles - una infinidad de gris existe entre ellos, y con frecuencia estos dos extremos en realidad no existen. El bien y el mal no existen en el modo en el que se usan para etiquetar a la gente. El pensamiento y el comportamiento son una mezcla de ambos, demasiado revueltos para aislar un "bien" o un "mal" definitivos.

Existe una escuela de pensamiento que dice que se debería poner la otra mejilla frente a una ofensa. Hay otra que dice que no se debería, sino que lo correcto es la venganza y el castigo. Esta dicotomía es falsa. Aún más, ambas opciones son altamente ilógicas y asignan significados a conceptos poco convincentes.

El perdón puede ser algo maravilloso, pero exponerse

al riesgo de más eventos negativos es altamente irracional. No hay motivo para seguir la otra opción tampoco. La venganza y el castigo son conceptos sin sentido invocados por salvajes primitivos, habitualmente en el contexto de supersticiones. No resuelven nada y son una mera indulgencia catártica. No hay nada intrínsecamente malo en esta catarsis, pero muchos se engañan a sí mismos con la creencia de que se consigue algo más que una caricia para las propias emociones. Esto puede ser contraproducente, ya que se puede quemar una nave que luego sea necesaria y esa autoindulgencia emocional puede trabajar contra uno mismo si no se tiene cuidado.

La naturaleza de la realidad es que las cosas suceden. Muchos eventos están más allá de nuestro control. No hay ninguna intención guiando nada. Estamos a la deriva en un universo caótico, como una balsa sin timón ni remos, flotando por las corrientes, mientras el viento nos empuja hacia distintas direcciones. Se puede ejercer cierta influencia y lograr cosas, pero la vida no es justa y hay mucho que está fuera de nuestro control.

El universo no tiene un código moral objetivo y sin él ni dios alguno, no puede existir moralidad objetiva. A este nivel, nada importa y ningún resultado es mejor que otro. La moral empieza en este lugar de nihilismo y caos.

Nos es necesaria alguna base para nuestra moralidad, para los juicios de valor que hacemos. Mucha gente la busca en la naturaleza, y esta es sin duda la dirección correcta, pero no es tan sencillo. El problema con ideas como la supervivencia del más apto o el más fuerte es que asumen una justicia que no puede existir en esa realidad caótica. También ignoran las ventajas de la supervivencia del grupo, un elemento crítico de la selección natural en cualquier especie social como la humana. Por último, intentan establecer un juicio de valor, o señalar cómo deberían ser las cosas, basándose únicamente en lo que es. La existencia de algo en la naturaleza no contiene información sobre qué debería ser ese algo.

La olvidada supervivencia del grupo puede, en vez de ello, convertirse en un punto central. Esto también resuelve los otros dos problemas. Comprender que somos una especie social y que hemos evolucionado para sobrevivir como grupo tiene una importancia fundamental. La supervivencia de grupo nos permite, colectivamente, compensar los eventos negativos que nos suceden en nuestra realidad caótica.

También nos proporciona algo que llamaremos conciencia. Esto es lo que llamamos nuestros sentimientos morales en bruto. Como especie social, compartimos estos sentimientos, ya que son un producto de nuestra evolución. Son subjetivos, ya que son sentimientos, pero al compartirlos todos, podemos tratarlos como objetivos. Imaginemos que todo ser humano prefiriese el helado de chocolate. El chocolate no sería objetivamente el mejor sabor de helado, puesto que la experiencia es subjetiva; pero al ser universal podría ser tratado exactamente igual que un hecho objetivo.

Esta es la base y el principio de la moral. Podemos utilizar la lógica, la razón y las pruebas empíricas para dar forma y mejorar esta moralidad. Sin embargo, al mismo tiempo, la falta de lógica, la superstición, la ignorancia y la estupidez tradicional pueden corromper el eje moral propio.

Cuando se usa la razón para decidir los actos, se debe hacer basándose en esos sentimientos morales. Así, aunque parta de un sentimiento, al ser este virtualmente universal se puede tratar como algo objetivo. La razón y la prueba empírica son objetivas. Por tanto, se puede tener una sensación de qué es más justo y qué lo es menos. Ésta indica dónde se sitúan las cosas en el espectro, en cuanto a lo positivos o negativos que sean sus efectos.

Esto nos lleva a la comprensión de que se pueden tener ciertas verdades morales, que se pueden expresar en un código ético. Estas declaraciones morales son fundamentales y cubren la mayoría de situaciones. Sin embargo, la naturaleza fundamental de cualquier lista de preceptos morales nunca se podrá aplicar a todo. A veces es necesario un razonamiento adicional.

La ética secular es la rama de la filosofía moral que se utiliza para construir un código moral secular. Está basada en las ideas que se han explicado hasta ahora, y proporciona una serie de guías para un modo formulaico de construir un código ético. Los puntos principales de la fórmula para la creación de un conjunto de éticas seculares son: tocar todos los conceptos básicos, ser cada una breve, y tener un aspecto poético. Por una serie de razones, he decidido utilizar un código secular ya existente en vez de crear el mío propio.

Si decidiese construir un código ético, parecería una copia de otros códigos debido a su naturaleza formulaica. Si intentase desviarme de la fórmula para hacerlo distinto, el resultado no sería bueno. Por eso siempre se sigue la fórmula cuando se crean estos códigos. Además, no es necesario volver a inventar la rueda.

Debido a que existe un código ético secular muy conocido por muchos satanistas y que, personalmente, lo considero particularmente bien confeccionado, he decidido respaldarlo. Este código ético secular se llama "Los Siete Principios" y es el eje de la filosofía de la organización religiosa llamada "El Templo satánico".

Doug Mesner, también conocido por el nombre de Lucien Greaves, fue quien escribió los Siete Principios y cofundó el Templo satánico. Voy a copiar aquí estos principios para vuestra comodidad. Como veréis, siguen la fórmula de una ética secular perfectamente y son lingüísticamente elegantes.

1) Se debe intentar actuar con compasión y empatía hacia todas las criaturas de acuerdo con la razón.

2) La lucha por la justicia es un esfuerzo necesario y continuado que debe prevalecer sobre leyes e instituciones.

3) El cuerpo de cada uno es inviolable, sólo sujeto a la voluntad de uno mismo.

4) Las libertades de los demás deben respetarse, incluyendo la libertad de ofensa. Limitar voluntaria e injustamente las libertades ajenas es abandonar las propias.

5) Las creencias deben conformarse a nuestro conocimiento científico del mundo. Debemos tomar cuidado de no distorsionar nunca los hechos científi cos para ajustarlos a nuestras creencias.

6) La gente comete errores. Cuando nos equivo quemos, debemos hacer lo posible por recti ficar y resolver cualquier daño que hayamos podido causar

7) Cada principio es una guía diseñada para inspirar la nobleza de acto y pensamiento. El espíritu de la compasión, la sabiduría y la justicia siempre deben prevalecer sobre cualquier palabra.

La narrativa del Leviatán

El Leviatán simboliza la vida, la salud, la comunidad y la creatividad. Las dos primeras se explican solas, así que nos centraremos en los otros dos. La comunidad, y nuestro instinto para vivir así, proviene de nuestra evolución como especie social. Un grupo de individuos con mentalidad similar se benefician mutuamente al asociarse. El hecho de compartir las alegrías de la vida con compañeros convierte estos momentos en algo más bello. A veces, uno se encuentra haciendo cosas por los demás, pero otras veces son esos demás quienes le ayudan a uno.

Incluso las personas más individualistas e independientes necesitan aliados y un sistema de soporte. No es deseable ser el único marginado y no se pueden efectuar tantos cambios si se es un adversario solitario. La comunidad ayuda al individuo y le permite ser parte de interesantes actividades que pueden estar planeando los otros.

La comunidad debería estar formada por individuos que por lo que sea tienen intereses y objetivos convergentes. Nunca debería ser un rebaño de ovejas siguiendo sin otra razón que la de seguir. Aquí hay una gran y fundamental diferencia. Uno es satánico. El otro es esclavitud.

La creatividad es otro elemento importante. Incluso la gente que no se ve a sí misma como creativa es buena en algo. El satanista debería encontrar qué se le da bien y refinar esa habilidad. Tener algo en que se es hábil proporciona una sensación de logro y objetivo. También es uno de esos placeres de la vida que llaman a nuestra indulgencia.

Con una comunidad de personas que, todas ellas, tengan algún tipo de habilidad creativa, éstas se pueden combinar para conseguir cosas increíbles. Es similar al concepto de emergencia, donde se termina con algo mayor que la suma de sus partes. Como el cerebro, por ejemplo, que está compuesto de células sin ningún tipo de pensamiento consciente, pero que en conjunto produce una mente consciente.

A través de la emergencia comunal, se puede crear un adversario muy poderoso. Uno que pueda doblegar el mundo, un poco, al deseo de su voluntad. Uno que pueda realizar cambios mayores de los que lograrían cada uno de sus miembros. Es lo más cercano a la magia que existe. Su poder sólo está limitado por la comunidad y sus energías creativas combinadas.

Las ceremonias y las celebraciones son algo grande para una comunidad. Yo he creado un conjunto de ceremonias; las he escrito, principalmente como plantillas personalizables. Sin embargo, nunca me han satisfecho por completo. Creo que la razón es que, si algo de esto viene predefinido, pierde el sentido personal que debería tener. Las especificidades deberían ser escritas por el sacerdote satánico u otros practicantes, y por las personas que tomen parte. Con las explicaciones que siguen, cualquiera debería ser capaz de crear las propias.

Con todos estos elementos, puedes decidir exac
tamente qué será dicho, cómo funcionará, si habrá algún
ritual y cuál. Tengo siete a las que llamo las Siete Ceremonias
satánicas.

El Anuncio es para una mujer embarazada. Es un
momento muy especial para los individuos que deciden
procrear y debe ser reconocido.

La Bienvenida es para cuando una nueva persona
llega al mundo, y sus cuidadores juran que lo harán lo mejor
que puedan.

La Transición marca el final de la infancia y el
principio de la adolescencia, alrededor de los trece años de
edad. Empieza una época de más libertad y más
responsabilidad. También marca el principio de una edad
difícil para la mayoría de las personas.

El Paso ocurre cuando se llega a la edad adulta física.
Sin embargo, no termina realmente hasta el final de la vida.
Siempre se está pasando a ser una persona mayor que el día
anterior.

La Unión es para dar la bienvenida e iniciar nuevos
miembros. Puede ser tan sencillo o elaborado como se desee.
La Boda puede ser como se desee. El único prerrequisito son
adultos que consientan.

El Final es similar a un funeral. Es la celebración de
una vida que ha terminado recientemente. También es un
último adiós, pero sobre todo es la celebración y
conmemoración de una vida.

Cómo se hagan estas ceremonias, o incluso hacer

cualquiera de ellas, depende únicamente de cada individuo. Están ahí sólo por si acaso decides crear tus celebraciones usando este formato. En la práctica, siempre eres tú mismo quien decide lo mejor para ti.

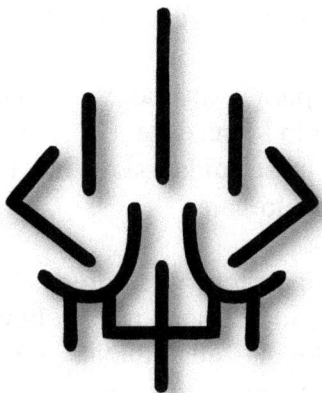

La narrativa de Belial

Belial simboliza el individualismo, la independencia y el logro personal. Este aspecto es una representación antropomórfica animada del camino de la mano izquierda. Esta vía está relacionada con el descubrimiento, la aceptación y la realización de uno mismo.

Aunque pueda parecer paradójico, el individualismo y la independencia son rasgos esenciales en los miembros de cualquier comunidad. Llevan al logro personal, y sólo a través de esos logros individuales se puede llegar a la emergencia mencionada en el capítulo anterior.

Ser un individuo, pensar por uno mismo y negarse a seguir ciegamente son rasgos fundamentales y definitivos del satanismo. Conviene señalar que esto es diferente de la cabezonería y de llevar la contraria porque sí. Ser una oveja inversa no es mejor que ser una oveja corriente.

El camino de la mano izquierda es a veces considerado egoísta, y hay quien lo retrata así cuando mantienen que el egoísmo es una virtud. Esto es completamente falso. Uno debe quererse a sí mismo antes de poder querer a los demás, y es necesario cubrir las necesidades propias antes de poder cubrir las de los demás.

Tomarse algo de tiempo para sí mismo es un asunto de salud y cordura. Todo el mundo lo necesita. Cada uno es el centro de su propio mundo. Si no se cuida a sí mismo, todo lo que haga eventualmente se desplomará.

El logro personal es importante y proviene de la creatividad. La creatividad que cada persona trabaja lleva a que cada persona alcance algún logro. Cada satanista debería haber hecho algo que les produzca orgullo y satisfacción. Si todos los miembros de una comunidad son individualistas, creativos con fuerza de voluntad y logros notables, el poder emergente de ese grupo será sin duda un adversario formidable.

El logro también forma parte de la realización de uno mismo. Esta realización es la esencia del camino de la mano izquierda. Aporta alegría y una especie de paz interior.

A menudo, en el satanismo, se repite la idea de adorarse a uno mismo como a un dios. Personalmente, no estoy de acuerdo. Ni el concepto de dios, ni el de adoración merecen reconocimiento. Ambos son ideas tontas que sólo puedo despreciar. A menos que se utilice la palabra "dios" en el contexto de la mitología o como eufemismo, no es una etiqueta apropiada para nada.

La adoración es similar. Qué cosa más absolutamente ridícula. A menos que se utilice en un contexto de BDSM u otra forma sexual, es una forma de pensar y comportarse totalmente vergonzosa.

No hay nada malo en considerarse a sí mismo la entidad más importante de la existencia. Sin embargo, incluso lo más importante de la existencia no es un dios y no merece adoración. Creo que esas palabras deberían dejarse para las religiones tradicionales, que utilizan uno de esos conceptos ante el otro, el cual también es imaginario. ¿Qué ser querría ser adorado? No se me ocurre nada que desee adoración constante.

En vez de eso, es mejor simplemente desarrollar amor y respeto por uno mismo. Esto debería ocurrir si se sigue el sendero de la mano izquierda. Si tienes problemas para lograrlo, intenta mejorarte como persona. Esto lo hace más fácil. También es bueno tener algún tipo de crecimiento personal en este viaje, lo cual es parte de la autorrealización, algo central al camino de la mano izquierda.

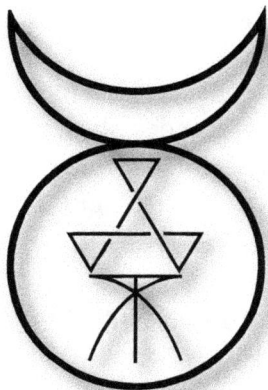

La narrativa de Pan

Pan simboliza la indulgencia, el hedonismo, el sexo, la música, beber, comer, celebrar - todo lo que hace de la vida algo disfrutable y divertido. Muchas religiones tradicionales tienden a ver todo esto como algo malo. Para un satanista, es precisamente al revés. No hay nada que ganar en la privación. No es inherentemente virtuosa. La indulgencia y el disfrute de la vida que se tiene es donde en verdad está la virtud.

El sexo, la sexualidad, es probablemente la actividad más demonizada por las religiones tradicionales. En el satanismo, es la más glorificada. Que todos los participantes hagan lo que les plazca. Esto no implica una obligación, pero si se desea, se practica.

Ocurre lo mismo con la comida, la bebida, la música o cualquier otro placer de los sentidos. Llevamos grabado que divertirse demasiado es algo malo. Al contrario, es el sentido de la vida. Ya que esta no tiene otro propósito que perpetuarse a sí misma, todos debemos encontrar nuestro propio significado. El sentido de la vida es lo que tú decidas. Tu mente es la intencionalidad primaria a cargo del mundo de tu experiencia subjetiva. Por tanto, cada cual debe crear su propio sentido.

El satanista también deriva gran placer de actuar según su propia moralidad, mientras transgrede morales corruptas y arbitrarias transmitidas por culturas previas y/o deidades imaginarias. Muchos de los grandes placeres violan estos códigos morales falaces. El satanista disfruta del placer de romper una convención inválida además del del propio acto.

Llenar la vida de uno mismo y de los que nos rodean de tanta felicidad como sea posible y satisfacer sus deseos mientras se sea capaz es un noble objetivo. Todo el mundo debe, al fin y al cabo, aprovechar al máximo su corto tiempo de vida.

¿Qué es lo que más disfrutas? ¿Qué te gusta hacer? Mientras no haga mal a nadie, lánzate a ello. No dejes que nadie te avergüence de lo que disfrutas. Compártelo con otra gente. Esto puede aumentar significativamente lo que ganes con ello. Prueba actividades que les gusten a tus amigos. Puede que encuentres algo que no conocías pero te encante.

Esta parte de la filosofía es casi completamente subjetiva. Trata de sentimientos y experiencias subjetivas. No hay gran cosa que pueda estar bien o mal: depende de tus opiniones y de cómo veas el mundo. Recuerda sólo aprovechar la experiencia de tu vida al máximo.

La narrativa de Loki

Loki simboliza el humor, la diversión, el ingenio y la astucia. Loki es el bromista. Incluso cuando se trabaja para algo importante, no se puede estar siempre serio. Las características del aspecto de Loki pueden ser muy útiles.

Cuando se promueve una agenda activista, la gente empieza a notar rasgos de Loki en uno. Es algo que se emite y se puede observar. Cuando la gente lo ve, piensan que no se habla en serio, que se es un trol, o un bromista. No entienden lo que se puede conseguir mediante el humor.

Se pueden lograr grandes cosas acerca de temas muy serios a través del uso de bromas. La gente tiende a no tomarlo en serio a uno y a subestimarlo, lo cual aumenta la efectividad de la astucia y los trucos para lograr un objetivo.

Cuando se examina una situación, no hay que mirar a la gente que abusa de ella, sino a cómo se puede utilizar para adelantar el propio plan. Será inesperado, les tomará por sorpresa. Mantenerlo en secreto hasta que llegue el momento aumenta la efectividad de la táctica de una forma importante.

Utiliza el humor en todo lo que hagas. Hace de la vida

algo más disfrutable para ti y para los que trabajen contigo
También es mejor recibido por el público.

Echa un vistazo al activismo satánico en EEUL
durante los dos o tres años previos a la publicación de este
libro. Encontrarás muchos ejemplos del uso de estos
elementos con gran efectividad. Algunas actividades lo piden
más que otras, pero todas se benefician de esta metodología

La única desventaja es que algunos pueden pensa
que los objetivos no son serios. Sin embargo, vale la pena
ya que son tácticas muy eficaces. La gente suele además
acabar entendiendo el logro alcanzado. Pero lo más
importante es que, sin humor, estos actos son meno
disfrutables: no es que dejen de ser valiosos, pero es mejo
pasarlo bien mientras se hacen.

Epílogo

Todo lo que he detallado hasta aquí puede ser combinado para crear una filosofía, una visión del mundo y una religión completas. Satán es una representación metafórica de todo ello. Puedo decir: "¡Ave Satanas!" Es simplemente una afirmación de todo lo que he expuesto en este libro.

Queda así respondida la pregunta de por qué querría nadie llamarlo satanismo, lo cual es una pregunta muy común. Satán simboliza todo esto, y por tanto esto no puede llamarse de otro modo que "satanismo". El humanismo incluye mucho, pero no todo. Las dos primeras narrativas están completamente al margen del humanismo. Así que si eres de esta variedad particular de satanismo, es probable que seas en gran medida un humanista, pero también eres más.

Por ejemplo, todos los humanistas son ateos, pero el humanismo es mucho más específico, con más criterios, y el ateísmo es sólo parte de ello. Ocurre lo mismo con esta variante de satanismo: es más específica, con criterios adicionales, aunque incluye todos los aspectos del humanismo secular. El satanismo abarca todo el ser: la religión, la filosofía, la visión del mundo e incluso tu personalidad caben en esta etiqueta.

Esto, por supuesto, sólo es cierto con esta variante de satanismo y otras cercanas, como la del Templo Satánico (que es prácticamente idéntica) y el satanismo racional. Sin embargo, no es con cualquier variante teísta o con el satanismo laveyano.

No iré tan lejos como los grupos que creen en una especie de unificación satánica, en la que todos los que adoptan esa etiqueta se unen. No tiene sentido que gente con puntos de vista diferentes, a veces diametralmente opuestos, se sienten a cantar un kumbayá satánico todos juntos en un festival del amor. Pero tampoco me parece correcto el elitismo del otro extremo del espectro. Existe un subgrupo de laveyanos que sienten que el suyo es el único satanismo verdadero. Esto también es absurdo.

Aquellos que hayan leído algunos de mis anteriores ensayos (publicados en Facebook) conocen exactamente mi opinión sobre este asunto. El satanismo puede ser cualquier cosa que incluya el adversario, la oposición, el individualismo del sendero de la mano izquierda, y tenga algún tipo de tradición de Satán rellenando otros aspectos del arquetipo. Estas son las únicas características definitorias del satanismo. Todo lo demás es relativo a las distintas variantes.

Como el satanismo es tan individualista, en realidad es cada individuo quien debe decidir si se identifica con esta etiqueta. ¿Quién es para decir si uno es un satanista auténtico o no? Sólo uno mismo puede hacerlo.

El otro problema con algo tan individual es que cada persona tiene su propia sub-variante, esas pequeñas y sutiles diferencias dentro de una variante. De hecho, se podría argüir que mi variante no es más que una sub-variante de la del Templo satánico. Es cierto que el descubrimiento de que esta organización tenía, al menos en su parte documentada, un punto de vista idéntico al mío fue el principal factor que hizo que me uniese a ella. Sin embargo, había suficientes diferencias para hacerme dejarla y seguir mi propio camino. Así que la distinción es bastante subjetiva. Esto es válido para otros individuos que pertenecen a otras organizaciones o ideologías satánicas, a veces incluso a varias.

Este libro contiene los detalles de mi propia variante de satanismo. Sin embargo, en ningún punto afirmo que sea el único satanismo auténtico. De hecho, argumento precisamente lo contrario. Además, parte de mi variante incluye dejarte algunas cosas a ti mismo. Mi punto de vista sobre el satanismo y el sendero de la mano izquierda es que hay partes que pertenecen al individuo. La filosofía, la visión del mundo y la religión no están en este libro; al menos, no exactamente. Incluso si estás totalmente de acuerdo con él, este libro sólo es una herramienta de aprendizaje, el principio de tu viaje mental, en el cual no puedo ser más que un guía. Tu filosofía, tu visión del mundo y tu religión sólo existen en un lugar: la propia mente. Eres el dueño de tu propia experiencia subjetiva a través de la cual se filtra la realidad objetiva. Mi única esperanza es que este libro te ayude a ir a donde quieras estar.

¡Ave Satanas!

Sobre el autor

Damien Ba'al es un ingeniero Unix/Linux durante el día y filósofo por la noche. Es satanista, escéptico, pensador crítico y muchas otras cosas. Damien vive con su esposa, sus gatos, disfrutando de sus aficiones intelectuales. Adora aprender y enseñar. Activo en los medios sociales, las palabras de Damien transmiten su oscura presencia a todas las ovejas negras y los individualistas que viajan por el sendero de la mano izquierda..

https://www.facebook.com/author.damien.baal
https://www.facebook.com/atheisticsatanism.org
https://twitter.com/Damien_Baal @Damien_baal
http://atheisticsatanism.com/

www.ingramcontent.com/pod-product-compliance
Lightning Source LLC
Chambersburg PA
CBHW071648040426
42452CB00009B/1805